101 TRUCS ET CONSEILS

LE GOLF

101

TRUCS ET CONSEILS

LE GOLF

Peter Ballingall

TRÉCARRÉ

CE LIVRE EST UN OUVRAGE DORLING KINDERSLEY

Première édition en Grande-Bretagne en 1995 par
Dorling Kindersley Limited

ISBN 2-89249-618-7

Dépôt légal 1996
Bibliothèque nationale du Québec

Imprimé en Italie

TRUCS ET CONSEILS

L'ADRESSE
DE LA BALLE

RÉUSSIR
SON SWING

INDEX

L'HABILLEMENT ET L'ÉQUIPEMENT

1 UN PIED SÛR

Pensez-y : en jouant au golf, il vous arrivera de marcher environ 6 km, en montée et en descente, sur des terrains relativement accidentés, souvent humides et boueux. Il est indispensable de se munir de chaussures à clous, qui évitent de glisser sur un sol spongieux. Elles assurent également un meilleur maintien du pied que les chaussures à crampons – particulièrement important sur les pentes – et contribuent ainsi au bon transfert du poids du corps nécessaire pour le swing.

Même l'été, les chaussures de golf doivent avoir des clous.

Chaussures à clous tous usages pour un meilleur maintien lors du swing.

2 DES GANTS POUR UN BON GRIP

Un bon gant doit former comme une deuxième peau. Son but est d'améliorer l'adhérence entre la main et le grip du club. Choisissez des gants minces en cabretta, qui donnent de meilleures sensations. À l'achat, vérifiez que le cuir ne se rétractera pas sous l'effet de la transpiration et de la pluie. Il peut aussi être lavable à la main. Changez vos gants dès que le cuir s'est étiré et devient lâche.

GANTS FINS EN CABRETTA

8

3 LES MOUFLES DE GOLF

Avoir les mains au chaud est essentiel
lorsqu'on joue par temps froid. Avec les
mains froides, il est impossible d'avoir un
bon grip. Par temps froid ou humide, les
professionnels portent toujours des moufles
entre deux coups. Faites de même et, par un
tel temps, dès que vous ne jouez pas, portez
des moufles en fibres synthétiques pour
garder vos mains chaudes et sèches.

MOUFLES ISOLANTES POUR AVOIR
CHAUD AUX MAINS

4 LES VÊTEMENTS DE PLUIE

Vêtements légers et imperméables

Soyez toujours préparé
à affronter la pluie. Portez
une veste légère imperméable
et des sur-pantalons de pluie.
Assurez-vous de les choisir
assez amples pour ne pas être
gêné dans vos mouvements lors
du swing. Préférez des
fibres synthétiques légères
qui empêchent les infiltrations
tout en laissant s'évacuer
la transpiration.

PRÉCAUTIONS △
*Suspendez toujours
vos vêtements de
pluie après chaque
partie. Ils dureront
ainsi beaucoup plus
longtemps.*

◁ **PIEDS AU SEC**
*Dans des conditions
très humides, ces
bottes de golf à
clous sont l'idéal.*

EN CAS D'ORAGE
*Si vous être pris sous un
orage, ne cherchez pas
refuge sous un arbre et
cherchez plutôt un bunker.
Évitez les parapluies à
manche métallique, car
celui-ci pourrait conduire la
foudre.*

5 DES VÊTEMENTS APPROPRIÉS

Le confort est essentiel dans le choix
de votre tenue de golf. Assurez-vous
toujours que vos vêtements ne vous
gêneront pas dans les mouvements
amples du swing. Ils doivent également
être soignés, la plupart des clubs
n'acceptent pas les jeans, les chemises
sans col ou les shorts mal coupés.

Maillot à manches courtes pour temps chaud

◁△ MAILLOTS
Les polos à manches longues et à col sont des articles essentiels.

Coton léger et frais pour jouer dans la chaleur de l'été

PANTALONS ▷
Les pantalons amples sont préférables, car ils vous laissent toute liberté de pivot pendant le swing.

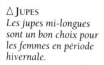

△ JUPES
Les jupes mi-longues sont un bon choix pour les femmes en période hivernale.

PULLS ▷
Un débardeur vous évitera de prendre froid ; n'oubliez pas que vous jouerez parfois plus de trois heures.

△ CHAPEAUX
Pour jouer au soleil, portez une visière. En cas de pluie, portez un chapeau imperméable à l'eau.

△ COUPE-VENT
Un coupe-vent vous mettra à l'abri d'un coup de froid, même en été.
CHAUSSETTES ▷
Portez des chaussettes isolantes en hiver, et des chaussettes molletonnées avec un short.

6 LE CHOIX D'UN PARAPLUIE

Un parapluie offre une bonne protection pendant les périodes d'attente ou de marche. Il peut en revanche s'avérer pénalisant pour votre rythme pendant que vous vous préparez à jouer un coup. Les modèles en fibre de verre sont plus sûrs si vous êtes pris dans un orage.

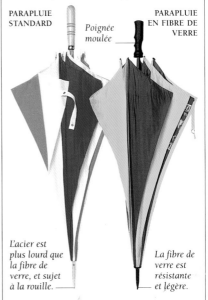

PARAPLUIE STANDARD

Poignée moulée

PARAPLUIE EN FIBRE DE VERRE

L'acier est plus lourd que la fibre de verre, et sujet à la rouille.

La fibre de verre est résistante et légère.

7 PRÉCAUTIONS PAR TEMPS DE PLUIE

■ Prenez plusieurs gants au cas où l'un d'eux se mouillerait.
■ Accrochez une serviette à l'intérieur du parapluie ; elle y restera au sec. Utilisez-la pour essuyer l'humidité des grips.
■ Utilisez la capuche du sac pour garder vos clubs au sec lorsque vous ne jouez pas.

8 LES PETITS ACCESSOIRES

Avant de vous lancer sur le parcours, vérifiez que vous avez bien dans vos poches ou dans votre sac en nombre suffisant les petits accessoires indispensables qui vous faciliteront la vie : tees, relève-pitch, pièces de monnaies ou marque-balles, crayon, serviette et éponge humide. Une paire de lacets de rechange sera également conservée dans le sac.

Tee en plastique

Tee en bois

◁△ **TEES**
Les pros préfèrent les tees en bois, bien qu'ils cassent facilement. Les tees en plastique sont plus résistants.

◁ **MARQUE-BALLES**
Utilisez des repères prévus à cet effet, ou des pièces de monnaie, pour repérer l'emplacement de votre balle sur le green si elle se trouve sur la trajectoire de votre partenaire.

◁ **RELÈVE-PITCH**
Utile pour réparer les marques de pitch dans le green et nettoyer les rainures des clubs.

SERVIETTE ▷
Par temps humide, elle s'avérera précieuse pour sécher les clubs et les grips avant chaque coup.

△ **ÉPONGE**
Utilisée pour nettoyer les balles après chaque trou.

◁ **STYLO/CRAYON**
Ayez-en toujours sous la main pour noter votre score et celui de votre partenaire.

9 SÉRIE IDÉALE POUR UN DÉBUTANT

Une demi-série de sept clubs constitue l'idéal si vous débutez dans le jeu. Elle comprendra un bois 3 et un bois 5, plus des fers 4, 6 et 8, un wedge et un putter. Choisissez des clubs creux (*voir p. 14*), qui sont d'une construction plus tolérante. Vérifiez que vous pourrez plus tard compléter votre série avec d'autres clubs.

◁ **DEMI-SÉRIE**
Une série idéale pour débuter : des bois pour le fairway, plus des fers longs, moyens et courts.

SÉPARATIONS ▷
Il est utile de disposer de séparations dans le sac pour éviter que les manches et les têtes des clubs ne frottent entre eux à chaque fois qu'on en sort ou qu'on en range un.

◁ **SAC DE GOLF IDÉAL**
D'un prix raisonnable, robuste et léger, un tel sac est idéal pour la plupart des parties. Vérifiez les fermetures éclair et les poches avant l'achat.

Choisissez un sac muni d'un trépied intégré monté sur ressort

BOIS 3

BOIS 5

FER 4

FER 6

FER 8

PITCHING-WEDGE

PUTTER

13

10 FERS MOULÉS OU FORGÉS ?

Si vous êtes débutant, choisissez des fers moulés. Ils sont basés sur une conception dite « à répartition périphérique des masses », la masse de la tête du club étant placée surtout sur la périphérie du club. Cela permet d'avoir un plus grand « sweet-spot » sur la face du club, ce qui minimise les effets des mauvais coups. Les novices ont bien besoin de cette « tolérance », mais les bons joueurs préfèrent le toucher des fers forgés.

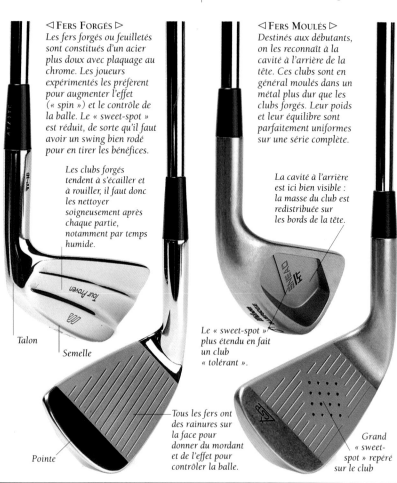

◁ **FERS FORGÉS** ▷
Les fers forgés ou feuilletés sont constitués d'un acier plus doux avec plaquage au chrome. Les joueurs expérimentés les préfèrent pour augmenter l'effet (« spin ») et le contrôle de la balle. Le « sweet-spot » est réduit, de sorte qu'il faut avoir un swing bien rodé pour en tirer les bénéfices.

Les clubs forgés tendent à s'écailler et à rouiller, il faut donc les nettoyer soigneusement après chaque partie, notamment par temps humide.

Talon

Semelle

Pointe

Tous les fers ont des rainures sur la face pour donner du mordant et de l'effet pour contrôler la balle.

◁ **FERS MOULÉS** ▷
Destinés aux débutants, on les reconnaît à la cavité à l'arrière de la tête. Ces clubs sont en général moulés dans un métal plus dur que les clubs forgés. Leur poids et leur équilibre sont parfaitement uniformes sur une série complète.

La cavité à l'arrière est ici bien visible : la masse du club est redistribuée sur les bords de la tête.

Le « sweet-spot » plus étendu en fait un club « tolérant ».

Grand « sweet-spot » repéré sur le club

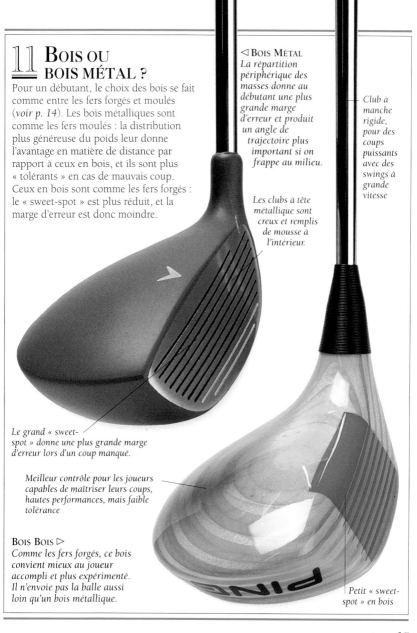

11 BOIS OU BOIS MÉTAL ?

Pour un débutant, le choix des bois se fait comme entre les fers forgés et moulés (*voir p. 14*). Les bois métalliques sont comme les fers moulés : la distribution plus généreuse du poids leur donne l'avantage en matière de distance par rapport à ceux en bois, et ils sont plus « tolérants » en cas de mauvais coup. Ceux en bois sont comme les fers forgés : le « sweet-spot » est plus réduit, et la marge d'erreur est donc moindre.

◁ BOIS MÉTAL
La répartition périphérique des masses donne au débutant une plus grande marge d'erreur et produit un angle de trajectoire plus important si on frappe au milieu.

Club à manche rigide, pour des coups puissants avec des swings à grande vitesse

Les clubs à tête métallique sont creux et remplis de mousse à l'intérieur.

Le grand « sweet-spot » donne une plus grande marge d'erreur lors d'un coup manqué.

Meilleur contrôle pour les joueurs capables de maîtriser leurs coups, hautes performances, mais faible tolérance

BOIS BOIS ▷
Comme les fers forgés, ce bois convient mieux au joueur accompli et plus expérimenté. Il n'envoie pas la balle aussi loin qu'un bois métallique.

Petit « sweet-spot » en bois

15

12 QUELLE FLEXIBILITÉ DANS LE MANCHE ?

Lors du choix d'un club, renseignez-vous sur la souplesse du manche – c'est-à-dire sur l'ampleur de sa flexion. Il en existe cinq types :
- « Extra stiff », pour les professionnels.
- « Stiff » pour les golfeurs à handicap faible et les jeunes joueurs.
- « Medium » pour les golfeurs moyens de tous niveaux.
- « Senior » pour les golfeurs plus âgés et les femmes assez grandes.
- « Ladies », comme son nom l'indique, destiné aux femmes.

Faites swinguer un club devant vous : sentez-vous la réaction due au poids de la tête ? Si c'est le cas, ce club devrait vous convenir.

C'est le manche le plus largement utilisé dans tous les prix, et qui présente des caractéristiques de souplesses adaptées à tous les joueurs.

Il donne une très grande souplesse, avec peu de torque, pour plus de distance et un meilleur contrôle.

Prenez soin des manches en graphite, car le revêtement extérieur peut s'user du fait du frottement constant contre la bordure du sac.

MANCHE EN ACIER

MANCHE RENFORCÉ AU BORD

MANCHE EN GRAPHITE COLORÉ

13 VÉRIFIER L'AJUSTAGE DU CLUB

Le « loft » (ouverture de la face) et le « lie » (position de la semelle) des clubs ne changent pas d'un fabricant à un autre. Mais ils peuvent être modifiés pour s'adapter à la taille et aux capacités du golfeur. Un joueur de grande taille aura besoin d'un manche plus long, mais un joueur plus petit ne devra jamais raccourcir les manches. Le « lie » peut être ajusté pour que le club prenne une position parfaite. Effectuez ce simple test avec une pièce de monnaie.

« LIE » TROP RELEVÉ
Prenez la position d'adresse : si la pièce ne passe pas sous le bout du club, le club est tenu trop droit.

« LIE » TROP PLAT
Si la pièce passe facilement sous le bout du club sur la moitié de la distance, le club est tenu trop bas et ce défaut doit être corrigé.

« LIE » CORRECT
Si la pièce passe juste sous le bout de la tête, alors le club forme un angle correct pour votre taille.

14 LES PUTTERS

Il existe cinq types principaux de putters : «lame» classique, avec offset, à manche centré, à tête maillet, et à « tout faire ».

Prenez-en un qui soit adapté à votre taille et à votre position. Ces putters ont des longueurs qui varient entre 86 et 94 cm, mais les clubs «manche à balai» sont bien plus longs. Les putters ont souvent une ligne indiquant le sweet-spot pour vous aider lors de la frappe. Servez-vous-en comme guide.

◁ **VARIATIONS** ▷
Les putters pour femmes sont plus courts et plus légers. Les plus jeunes pourront s'en servir au début.

Putter classique à manche centré

Sweet-spot

Pointe

Talon

△ **ESSAYER AVANT D'ACHETER**
Demandez à essayer un putter avant de l'acheter. On peut en effet recouvrir la face du club avec du ruban adhésif pour éviter de l'endommager.

15 REPÉRAGE DU SWEET-SPOT

Le sweet-spot est la zone dans laquelle est concentrée la masse du club, ou sa densité. Bien qu'elle soit souvent repérée sur le putter, vous pouvez également la trouver en tenant le putt doucement entre l'index et le pouce et en le laissant pendre librement. Tapez alors avec votre autre index le long de la lame, jusqu'au point où il rebondit sans tourner sur lui-même : c'est le sweet-spot.

LES LIGNES GRAVÉES INDIQUENT LA ZONE DU SWEET-SPOT

16 QUELLE BALLE ?

Le choix d'une balle de golf peut s'avérer aussi essentiel que celui d'un bon club. La taille est dictée par les règles, et il vous faudra donc choisir entre des différences de propriétés aérodynamiques – lift, traînée et spin – et votre «toucher».

Noyau en résine, plus résistante

Numéro pour identification

2
DUNLOP
Powermax

Enveloppe en fils pour une meilleure résistance

Coque en surlyn, pratiquement indestructible et préférable pour les débutants.

Noyau solide

1
Maxfli
DDH 500

BALLE DEUX PIÈCES △
Plus adaptée aux joueurs moins expérimentés, cette balle est extrêmement robuste et est conçue pour produire à la fois effet avant («topspin») et distance. Mais elle se contrôle moins bien autour du green, car la balle tend à rebondir sur la face du club.

BALLE SURLYN △
TROIS PIÈCES
Idéale pour le golfeur amateur en quête à la fois de distance et de durabilité. Moins facile à contrôler autour du green que la balle à coque en balata, plus molle.

COQUE EN BALATA
TROIS PIÈCES ▷
C'est la balle utilisée par les amateurs à faible handicap et les professionnels. Si elle donne un bon toucher, répond au «spin» (effet) et se comporte bien au putt, elle est très chère et s'abîme facilement (elle survit tout juste à un parcours complet).

Enveloppe en fil

Centre liquide pour un « superbe » toucher.

Membrane de séparation remplie de liquide pour fermer la section.

Coque synthétique molle en balata pour un meilleur contrôle.

Titleist
1

17 L'IDENTIFICATION DE LA BALLE

Avant de jouer, marquez vos balles personnelles avec un feutre ou un marqueur pour pouvoir les identifier du premier coup d'œil (bien que les balles portent une marque d'identification sur la coque). Vous risquez une pénalité si vous ramassez une mauvaise balle ou si vous jouez avec.

COLOREZ UNE ALVÉOLE OU DEUX
AVEC UN FEUTRE

18 LE NETTOYAGE DES GRIPS

Les reliefs et rainures sur le grip augmentent l'adhérence et vous assurent une bonne prise. Il faut donc toujours les brosser après une partie pour enlever graisse et saletés. En cas d'usure, faites remplacer le grip.

NETTOYEZ LES GRIPS
AVEC UNE BROSSE DURE

19 GARDER VOS CLUBS PROPRES

Essayez de garder propres en permanence les rainures sur la face des clubs. Ce n'est pas difficile à faire, et il est surprenant de constater à quel point la vue d'un club sale à ses pieds peut faire perdre toute confiance. Mais, ce qui est plus important, les performances en souffrent également, les rainures aidant à générer le « backspin» (effet rétro) en cas de besoin.

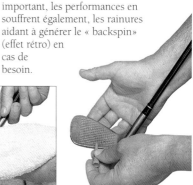

1 Après une partie, essuyez les rainures avec une brosse et rincez à l'eau tiède.

2 Séchez avec un chiffon pour enlever l'humidité résiduelle sur la face du club, qui pourrait la faire rouiller.

3 Ayez quelques tees sous la main pour gratter la saleté ou les débris présents dans les rainures en cours de partie.

20 COMMENT ACHETER D'OCCASION

Pratiquement tous les magasins d'articles de golf proposent des clubs d'occasion – souvent en série complète et avec un sac d'occasion. Il n'y a aucun inconvénient à acheter d'occasion, notamment si vous débutez dans le golf, mais vérifiez que les têtes et les manches ne présentent pas de rouille, et demandez au vendeur à taper quelques balles sur le practice pour voir si l'équipement vous convient.

Inspectez sur le manche.

Les rayures superficielles n'affectent en rien les performances.

Inspectez les fissures au niveau du col.

FERS ▷
Les têtes des fers sont pratiquement indestructibles, mais vérifiez que les rainures ne sont pas usées au point de disparaître. Ne soyez pas impressionné par de légères éraflures en surface, qui n'affecteront en rien le contact club-balle.

GRIPS △
Vérifiez que les grips accrochent bien et sont encore rugueux, pas lisses. Vous pouvez demander au vendeur qu'il vous les change pour pas trop cher.

Évitez les clubs rouillés ou aux rainures usées.

Les petits défauts sont généralement peu esthétiques mais pas décisifs.

BOIS ▷
Recherchez les défauts tels que des fissures au niveau du col, l'usure et des déchirures sur la face du club et la semelle. Les bois métalliques sont généralement moins enclins à l'usure.

△ LA SEMELLE
Un défaut de la semelle est un signe évident de la façon dont le propriétaire précédent a traité le bois. Évitez ce club.

Si la face est endommagée mais si vous appréciez quand même le toucher du club, un bon professionnel saura le restaurer.

21 LE CHOIX DU SAC

Les sacs neufs ne sont pas trop coûteux et sont un bon investissement. En fin de compte, il vaut d'ailleurs mieux en avoir deux : un sac léger à porter lorsque les règles hivernales interdisent les chariots, ou pour emmener en voyage ; et un autre plus grand et renforcé pouvant loger un set complet de 14 clubs et transportable sur chariot.

◁▽ **SACS**
Recherchez des courroies robustes, des fermetures éclair résistantes et des poches amples.

LÉGER

Les capuchons de tête protègent les clubs contre les chocs.

Optez pour un chariot facile à plier.

Réglages à verrouillage rapide

RENFORCÉ

Grandes poches pour transporter les accessoires de pluie

△▷ **CHARIOTS**
Choisissez un chariot robuste avec des courroies se libérant rapidement et des roues larges pour une bonne stabilité.

Serviette pour essuyer et sécher les clubs et les balles

21

COMPRENDRE LES DIFFÉRENTS GRIPS DE BASE

22 LE GRIP OVERLAPPING

Il existe plusieurs grips au choix, mais le grip overlapping, appelé également Vardon grip, est le plus largement employé et le meilleur pour la plupart des golfeurs, à l'exception de ceux qui ont des petites mains (*voir p. 22-27* pour d'autres grips). Le golf est à 98 % affaire de posture et 2 % affaire de lancer, la posture s'organisant autour du grip. Il est essentiel de suivre une procédure stricte de mise en route du grip pour bien contrôler la face du club et la balle.

1 Placez la poignée du manche au creux de la main gauche et en travers de la paume, de sorte qu'elle repose en diagonale depuis la base du petit doigt jusqu'au milieu de l'index gauche.

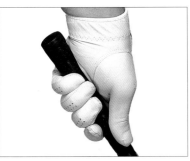

2 Une fois la main fermée, le club doit se trouver dans le creux de l'index. Entourez les doigts autour du manche pour tenir légèrement – pas fermement – et maintenez la prise.

3 Le pouce doit maintenant tomber juste à droite du centre sur le dessus de la poignée. La forme en V formée par l'index et le pouce doit pointer vers votre oreille gauche.

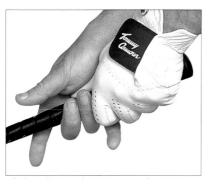

4 Placez la main droite pour que la poignée du club repose dans le creux des deux doigts du milieu – et pas à leur base.

5 Faites chevaucher l'articulation de l'index de la main gauche par le petit doigt de la main droite. Pouce et index doivent trouver une bonne assise sur la poignée.

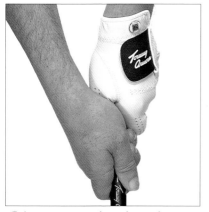

6 Placez votre pouce droit à l'avant du grip et à gauche du manche pour qu'il prenne une position de type «gâchette» avec votre index droit.

7 Assurez-vous que la forme en V créée au point de rencontre de votre pouce et de votre index droit sur la poignée pointe cette fois-ci en direction de votre épaule droite.

Le grip commande l'angle d'adresse et l'angle du manche à la face du club et à la balle.

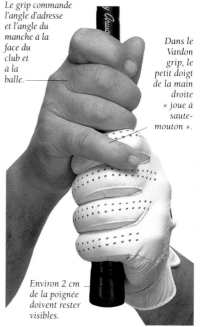

Dans le Vardon grip, le petit doigt de la main droite « joue à saute-mouton ».

Environ 2 cm de la poignée doivent rester visibles.

23 LE GRIP INTERLOCKING

Si vous avez un grip faible, ou de petites mains, essayez l'interlocking grip, ou prise entrecroisée. Il est largement employé par les amateurs, bien que rarement adopté par les professionnels. Comme son nom l'indique, la différence essentielle est ici que le petit doigt et l'index des deux mains sont entrecroisés.

1 Posez la poignée dans la paume de votre main gauche, en diagonale en travers de la paume, et gardez l'index pointé vers le bas.

2 Positionnez votre main droite sur la gauche, le majeur et l'annulaire devant enserrer l'index gauche sous le club.

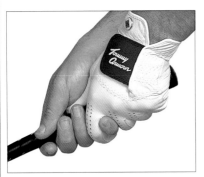

3 Posez le club dans le creux des deux doigts du milieu de la main droite. Fermez solidement la main droite par-dessus la main gauche.

4 Le pouce gauche doit être enfermé dans la main droite et vos doigts doivent prendre une prise ferme, mais pas rigide.

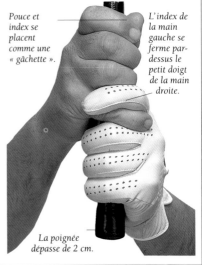

Pouce et index se placent comme une « gâchette ».

L'index de la main gauche se ferme par-dessus le petit doigt de la main droite.

La poignée dépasse de 2 cm.

24 LE GRIP BASE-BALL

Avec cette prise, les huit doigts des deux mains reposent sur la poignée, et les deux paumes se font face sans se recouvrir. Les adultes ayant des petites mains, et les jeunes, peuvent se servir de cette variante. L'index et le petit doigt des mains opposées se placent côte à côte.

1 Prenez une prise de pistolet avec les doigts autour de la poignée près de l'extrémité. Le pouce se place juste à droite.

2 Amenez la main droite sur le grip et tentez de conserver les deux paumes l'une face à l'autre. La paume de la main droite recouvre le pouce gauche.

3 Les quatre doigts de la main gauche doivent maintenant envelopper la poignée, légèrement mais fermement, avec le pouce sur le dessus.

4 Le petit doigt de la main droite se place confortablement à côté de l'index gauche, mais pas par-dessus.

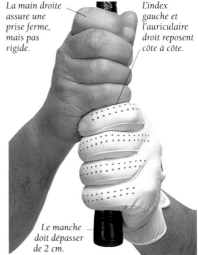

La main droite assure une prise ferme, mais pas rigide.

L'index gauche et l'auriculaire droit reposent côte à côte.

Le manche doit dépasser de 2 cm.

25 ÉVALUER LE GRIP

Quel que soit le grip adopté, la prise doit être légère, sans serrer. Un grip léger vous permet de pratiquer un swing libre, sans gêne, pour conférer de la vitesse à la tête du club et obtenir ainsi de la distance. Pour vous habituer à la prise de main gauche correcte, placez le club entre la paume de la main gauche et l'index gauche, comme sur la figure. Vous sentirez le poids de la tête et votre prise sera bonne. Enveloppez ensuite les autres doigts autour de la poignée.

PRISE À UNE MAIN DE TYPE GÂCHETTE

26 EN TRAVERS DE LA PAUME

Pour obtenir une prise parfaite, quelle que soit la version choisie, le manche doit passer en diagonale à travers la paume, de sorte qu'il repose entre le point d'émergence des doigts et le milieu de l'index, en traversant la paume.

Le manche ne doit pas se trouver entièrement dans la paume, ni reposer totalement à la base des doigts, mais plutôt quelque part entre ces deux positions. Effectuez le simple essai de grip ci-dessous.

MANCHE TROP HAUT
Si vous placez le manche trop haut sur la paume de votre main gauche, vous aurez un mauvais angle d'attaque.

MANCHE TROP BAS
Une prise trop basse sur la base des doigts, et l'angle du manche à la tête du club et à la balle sera mal aligné.

POSITION PARFAITE
La poignée passe légèrement au-delà de la paume et descend sur la base des doigts jusqu'au milieu de l'index.

27 GRIP FAIBLE / FACE OUVERTE

Les mains contrôlent la face du club, et l'endroit où vous placez vos mains sur le manche détermine l'alignement de votre corps en position d'adresse. Un grip faible avec une seule articulation visible force votre corps à partir à gauche pour un «fade» (*voir p. 52*).

INCURVÉ À DROITE

Nick Faldo' vainqueur de l'US Masters préfère ce grip à une seule articulation.

Une articulation visible indique que votre corps tendra vers la gauche lorsque la face du club sera sur la balle. Celle-ci subira un «fade» ou une courbure de gauche à droite.

Le V des deux mains pointe vers la gauche du menton.

28 GRIP FORT / FACE FERMÉE

Une prise forte avec trois articulations visibles' conduit l'alignement du corps à porter vers la droite lorsque la face du club est directement face à la cible. La balle subira un «draw» c'est-à-dire un déplacement de droite à gauche dans l'air (*voir p. 53*).

INCURVÉ À GAUCHE

Avec ce grip la position d'alignement du corps se déporte vers la droite pour infléchir la balle.

L'alignement du club imprime une rotation à la balle au moment de l'impact' pour lui donner une courbure de droite à gauche. Pour de meilleurs résultats' entraînez-vous avec un club un peu long' comme un fer 4 ou 5.

Trois articulations visibles

29 LE GRIP DE PUTTER

Le grip du putter est surtout une question de choix. Il vous faut éliminer toute action de rotation et augmenter le contrôle de la face du club. La plupart des putters ont un grip plat à l'avant.

Cela impose également une prise légèrement différente, le pouce droit reposant plus directement sur le dessus de la poignée, dirigé vers le bas du putter et du manche.

1 Tenez-vous debout avec les doigts de la main gauche pendant librement. Placez le manche à angle droit par rapport aux trois derniers doigts.

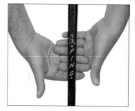

2 Amenez la main droite en travers et placez les trois premiers doigts de cette main sous le manche, à angle droit.

3 Placez le pouce gauche sur le centre du manche, et le pouce droit en position d'attente. Gardez les doigts serrés les uns contre les autres.

4 Ramenez maintenant le pouce droit par-dessus et placez-le sur le pouce gauche, pointé vers le bas.

5 L'index de la main gauche recouvre les doigts de la main droite, alors que le petit doigt de la main droite recouvre également la main gauche.

LÉGER MAIS FERME ▷
Conservez une prise légère mais ferme. Placez l'index gauche et le petit doigt de la main droite en recouvrement sur la main opposée.

L'index de la main gauche recouvre les articulations de la main droite et appuie sur elles.

Le petit doigt de la main droite recouvre les articulations de la main gauche.

30 LE GRIP LANGER

Si vous souffrez de « yips » – une impuissance totale à réussir des putts courts, due à une tension nerveuse qui conduit à une attaque brusque et nerveuse – observez les pros. Ils connaissent cela

également. Bernard Langer a essayé de nombreux clubs (il a même une fois adapté un putter pour dame) et a changé plusieurs fois de prise (*voir. ci-dessous celle qui lui réussit actuellement*).

1 Avec la main gauche, saisissez la poignée du putter là où elle se raccorde au manche, et gardez le bras tendu.

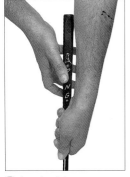

2 Avec les doigts ouverts, préparez-vous à enserrer à la fois le manche du putter et l'avant-bras ensemble.

Le manche touche votre bras gauche à ce niveau et dans la paume.

Le pouce de la main droite sert de verrou pour maintenir le putter entre les deux bras et de guide pour le bras gauche.

3 Serrez le pouce droit et la main sur la partie supérieure du manche du putter et sur l'avant-bras gauche. Maintenez la pression pour éviter un mouvement pendant la course.

Gardez le pouce de la main gauche dirigé vers le bas du manche pendant toute l'opération du putt.

Cette variante de grip élimine toute action de rotation pendant la course.

L'ADRESSE
DE LA BALLE

31 PRENDRE UNE BONNE CIBLE

La plupart des erreurs surviennent au début du swing – lorsque vous vous mettez en place et adressez la balle. Pour ajuster votre corps correctement, vos pieds, vos genoux, vos hanches et vos épaules doivent se trouver sur une ligne parallèle à la ligne de la balle à la cible. Il n'y a que comme cela que vous pourrez swinguer correctement et frapper la face du club à angle droit contre l'arrière de la balle. Imaginez une voie ferrée (*voir ci-contre*), puis placez un club sur le sol pour voir la « voie » menant à la cible. Utilisez-la pour vous installer.

◁ **LE LONG DE LA LIGNE**
Imaginez que vous vous trouvez sur un côté d'une voie ferrée avec la balle de l'autre côté.

Votre corps n'est pas aligné sur la cible mais parallèle à la ligne balle-cible.

Placez le bord inférieur de la face du club perpendiculaire à la cible.

Relâchez vos épaules pour éliminer toute tension, avec les coudes dirigés vers les hanches.

Gardez le bras gauche tendu et le bras droit légèrement fléchi et relâché. Conservez les mains au-dessus de la taille.

TROIS POSITIONS DE LA BALLE

32 TROIS POSITIONS IDÉALES DE LA BALLE

Il existe trois positions idéales de la balle autour desquelles vous pourrez ajuster votre «stance» (position des pieds) :

■ Un driver, le plus long club, se place juste à l'intérieur du coup de pied ou du talon gauche pour regarder la cible.

■ Un fer moyen 5 ou 6 regardera la cible en se plaçant à mi-chemin entre le milieu de vos pieds et votre talon gauche.

■ Avec un club court à forte inclinaison, placez la balle dans l'axe du milieu de vos pieds.

33 PROCÉDURE POUR SE METTRE EN POSITION

Une mise en place simple comporte trois étapes, comme ci-dessous :
- Tournez-vous vers la cible.
- Alignez la face du club sur la cible.
- Alignez votre corps sur le club.

Ces étapes vous aideront à atteindre à tout moment la meilleure posture du corps et le meilleur alignement de la face du club. Commencez par saisir le club (*voir p. 26-27*) avec les bras en avant.

Pensez à l'endroit où vous devez envoyer la balle, pas à la réalisation de votre swing.

Regardez la cible, estimez les obstacles et évaluez la distance.

Regardez la balle et gardez le menton vers le haut pendant la rotation du corps.

1 Gardez les deux mains sur le manche et réfléchissez aux options possibles en fonction de la distance, de la position du trou et de la forme du green.

2 Placez votre corps autour du club et de la balle. Alignez la face du club de sorte que le bord inférieur soit tourné à angle droit face à la cible.

3 Alignez votre corps à angle droit par rapport au bord inférieur du club. Assurez-vous que votre corps est bien parallèle à la ligne de visée.

34 UNE POSTURE PARFAITE

Pour votre posture, pensez aux bonshommes en allumettes formés de lignes droites et d'angles, sans aucune courbe. Tenez-vous d'abord droit par rapport à la balle, puis penchez-vous au niveau des hanches, pas de la taille. La colonne vertébrale doit rester relativement droite pour pouvoir tourner facilement. Sentez vos hanches et votre bassin reculer, de sorte que la ligne de ceinture du pantalon ou du short forme un angle avec le sol au lieu de lui être parallèle.

Gardez le dos droit et pliez-vous au niveau des hanches.

Les bras pendent librement.

Épaule-bras-genou forment une ligne approximativement verticale.

Fléchissez les genoux et gardez-les souples.

POSTURE CLASSIQUE POUR L'ADRESSE DE LA BALLE

35 RELEVER LA TÊTE

Gardez la tête haute, dans tous les sens du terme, et n'appuyez pas le menton sur la poitrine. Imaginez que vous regardez la balle «le long de votre nez», vers le bas. Cela placera votre tête dans la bonne position, en laissant les épaules tourner complètement, librement et facilement pendant la montée du swing.

POSTURE INCORRECTE △
Si vous laissez le menton guider votre tête vers le bas, vous obtiendrez un angle d'attaque très important et aurez un swing limité.

POSTURE CORRECTE △
Gardez le menton en l'air pour permettre aux épaules et au tronc de tourner facilement, pour que le swing se fasse de manière coulée.

36 PLACER LES ÉPAULES

Relâchez-vous pour éviter toute tension au niveau des épaules et du cou. Relâchez vos épaules pendant l'adresse. Pour aligner un fer de longueur moyenne ou courte, imaginez une ligne droite partant de votre épaule gauche et passant le long de votre bras gauche et du manche.

37 GARDER LA COLONNE DROITE

Penchez-vous en fléchissant les hanches, tout en laissant droite la partie inférieure de la colonne de manière confortable. Ce point est essentiel pour que le swing du club se fasse dans le bon plan.

38 ÉVALUER LA POSTURE

Debout au-dessus de la balle, si vous suspendez un club depuis le centre de l'épaule droite et qu'il frotte légèrement contre votre genou droit, vous pouvez être sûr d'avoir trouvé la posture parfaite.

Gardez la tête absolument immobile de l'adresse jusqu'à la fin du swing.

Les épaules restent passives et relâchées pendant l'adresse.

L'épaule droite est plus basse que la gauche, puisque la main droite se trouve plus bas sur le grip.

Le bras droit est légèrement fléchi et relâché.

LA POSTURE PART DES ÉPAULES

Si les épaules sont relâchées, le dos ne sera pas tendu.

Croisez les bras et les paumes pour placer le club correctement.

Réajustez votre posture jusqu'à ce que vous puissiez suspendre le club depuis votre épaule droite directement jusqu'au genou droit.

La ligne cheville-genou forme une ligne d'appui verticale.

TEST DE SUSPENSION DU CLUB

39 VISER DERRIÈRE LA BALLE

Gardez le menton levé et regardez vers le bas arrière de la balle, pas son sommet. Puis trouvez un repère secondaire, comme une motte de terre, juste devant la balle et sur la ligne de visée cherchée. Alignez votre club directement sur ces repères, car c'est plus facile et précis que de viser une cible plus éloignée.

40 LE TRUC DE L'HORLOGE

Imaginez que vos pieds se trouvent sur les aiguilles d'une horloge, ou parallèles à elles. Tenez-vous avec les deux pieds écartés vers l'extérieur, le pied gauche parallèle à «10 heures» et le pied droit sur «2 heures». Vous pouvez également placer le pied droit à angle droit avec la ligne balle-cible, le pied gauche pointant légèrement vers la gauche. Adoptez la position qui vous donne un équilibre parfait.

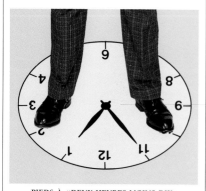

PIEDS À «DEUX HEURES MOINS DIX»

41 LA RÉPARTITION DU POIDS

Rappelez-vous toujours ces rapports simples pour un équilibre parfait ! Pour les fers longs et les bois, pesez à 60/40 sur votre côté droit, à 50/50 pour les fers intermédiaires ; et placez 60 % de votre poids sur le pied gauche pour les clubs courts à face ouverte.

RAPPORT DE **60/40** POUR LES BOIS ET LES FERS LONGS

RAPPORT DE **50/50** POUR LES FERS INTERMÉDIAIRES

RAPPORT DE **40/60** POUR LES FERS COURTS ET LES WEDGES

RÉUSSIR SON SWING

42 LE PLAN DE SWING

Trouver le bon plan de swing est vital pour un bon contrôle de la balle. Imaginez qu'une bande de papier crépon ou un serpentin est attaché à la face du club. Lorsque vous écartez le club et que vous le ramenez au-delà de la balle, cette bande créera un arc visible. Cet arc de swing se trouve dans un plan qui est déterminé par la conception du club que vous utilisez. Un bois ou un fer long, par exemple, impose un plan de swing peu incliné. Si votre club faisait 15 m de long, le plan de swing serait alors pratiquement horizontal.

◁ PLAN DE SWING INCLINÉ
Les clubs plus courts et à loft plus prononcé déterminent un plan de swing plus incliné lors de la prise d'élan et moins incliné lors du swing vers l'avant.

Menton levé et légèrement incliné vers la droite.

Le tronc tourne en s'inclinant à peine lorsque les bras pivotent pour le backswing.

Imaginez une banderole accrochée au club.

◁ PLAN DE SWING PEU INCLINÉ
Un club long, comme un driver, détermine un plan de swing peu incliné. L'accompagnement vers l'avant est également plus plat que la montée (backswing).

43 RELACHÉ ET PRÊT

Avant de lancer votre swing, vous devez vous sentir décontracté et paré. Chaque partie de votre corps au-dessus de la ligne du manche – mains, bras, dos et épaules – doit se sentir relâchée et passive. Chaque partie située au-dessous de cette ligne – pieds, genoux et jambes – doit rester souple et élastique.

▽ **ADRESSE IDÉALE**
Fléchissez légèrement les genoux et pliez doucement à partir des hanches.

Gardez le menton levé.

Les bras pendent librement et ne sont pas tendus de manière crispée

Tenez-vous droit sur la balle, les hanches, les genoux et les pieds donnant un bon appui.

44 L'EFFET DE RESSORT

Comme un ressort, le tronc pivote facilement et la partie inférieure du corps suit. Sentez le déplacement de votre poids vers votre pied droit, mais pas au-delà. La position de la colonne vertébrale reste inchangée.

◁ **SOMMET DU SWING**
Au sommet de la montée, votre dos doit faire face à la cible. Vos épaules ont tourné de 90°.

Le tronc pivote plus que les hanches.

Le poids se déplace de la gauche vers la droite.

Le genou gauche se plie vers le droit.

45 LE SOMMET DE LA MONTÉE

Voici une bonne manière de juger si, au sommet de la montée, le club se trouve dans la position d'attaque idéale.

■ Pouce gauche sous la poignée, comme en auto-stop.

■ Poignets cassés maintenant que le haut du corps a pivoté entièrement.

CONSERVEZ UNE PRISE LÉGÈRE SUR LA POIGNÉE

46 UN SWING VERS L'AVANT

Les bras et les mains laissent le club descendre tout seul en « chute libre ». La puissance et la vitesse de la tête du club proviennent de :

■ La rotation de vos hanches et du bassin en direction de la cible.

■ Le transfert de poids vers le côté gauche. Évitez de trop précipiter la tête de club sur la balle, et laissez-la plutôt pivoter librement sous l'effet du mouvement.

COMMENT FAVORISER LE « RETARD »
Le coude droit doit tomber en direction de la hanche droite en même temps que le poids se porte sur la gauche. C'est la meilleure manière de commencer le swing d'attaque. Elle favorise le retard, essentiel, de la tête de club et vous empêche de tenter de frapper la balle trop tôt.

ACCOMPAGNER PLUTÔT QUE FRAPPER ▷
N'essayez pas de frapper la balle, mais plutôt d'accompagner la tête de club «à travers» la balle.

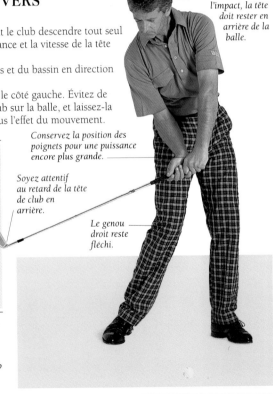

Au moment de l'impact, la tête doit rester en arrière de la balle.

Conservez la position des poignets pour une puissance encore plus grande.

Soyez attentif au retard de la tête de club en arrière.

Le genou droit reste fléchi.

47 UN FINISH ÉQUILIBRÉ

Gardez votre menton incliné vers la droite jusqu'à ce que les mains aient accompagné la tête de club «à travers» la balle. Le corps en entier tourne en direction de la cible, et le poids se porte complètement du côté gauche. Laissez votre tête suivre cette rotation du corps, jusqu'à ce qu'elle se tourne finalement dans la direction de la cible au terme d'un finish équilibré.

La tête est redressée par la rotation du corps après l'impact.

L'épaule gauche se déplace vers l'arrière.

L'épaule droite contourne le menton pour venir se placer dessous.

ÉQUILIBRE DES PIEDS
Soulevez votre talon droit pour effectuer un tour complet par rapport à la cible.

48 QUEL WEDGE ?

Pour obtenir à la fois hauteur et contrôle, utilisez le loft ouvert offert par le wedge. Le rebond situé sur la semelle d'un sand wedge fait glisser le club en douceur à travers le sable. Le bord d'attaque d'un pitching wedge repose à plat sur le sol pour faciliter l'ouverture sur un sol nu. Les « utility wedges » servent aux deux.

PITCHING WEDGE · · · · · UTILITY WEDGE

49 LE PITCH ET LE SPIN

Un pitching wedge produit un angle d'attaque beaucoup plus prononcé. Pour un meilleur contrôle ou pour augmenter la rapidité du coup et l'effet rétro, cherchez à atteindre d'abord la balle, puis le gazon. N'essayez jamais de passer la tête du club «sous la balle». En outre, une balle à trois pièces prend mieux l'effet.

UNE ATTAQUE INCLINÉE INDUIT UN EFFET RÉTRO

50 LE PITCH AVEC UN TEE

Pour obtenir les bonnes sensations lors d'un pitch, placez un tee à quelques centimètres derrière votre balle, sur la ligne de visée menant à la cible. Oubliez la balle et faites un swing passant par le tee, en laissant le club glisser vers le bas et traverser la balle, puis en continuant pour emmener le tee en direction de la cible. Imaginez que la tête de club « traverse » la balle.

VISEZ LE TEE

51 RATISSER L'HERBE

Lors d'un «chip» (coup d'approche), ne glissez jamais la tête de club sous la balle. Pour élever la balle, faites un swing avec le club pour prendre d'abord la balle, puis l'herbe. Essayez de «ratisser» l'herbe juste après la balle et gardez toujours vos mains en avant de la tête de club.

La tête garde toujours le contact.

BALLE SUR LA TRAJECTOIRE
La balle se trouve sur la trajectoire du swing : laissez le club «traverser» la balle. L'ouverture de sa face fera s'élever et tourner la balle.

52 BANDEAU DE POIGNET

Utilisez un bandeau pour éviter la tentation de glisser la tête de club sous la balle avec la main gauche pendant un chip ou un putt. Accrochez le bout du manche dans un bandeau entourant votre poignet gauche. Continuez à travailler jusqu'à avoir les bonnes sensations des bras et des mains, en guidant la tête de club avec un poignet ferme plutôt que « coulant ».

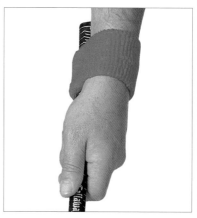

ÉVITEZ DE CASSER LES POIGNETS

53 Améliorer les sorties de bunker

Ne vous laissez pas effrayer par les coups dans le sable. Essayez de faire un swing complet, en gardant les mains en avant lorsque la tête de club entre dans le sable à environ 3-4 cm derrière la balle. N'essayez jamais de soulever la balle. Glissez plutôt la tête de club sur un arc long et peu profond dans le sable, sous la balle, qui enlèvera balle et sable.

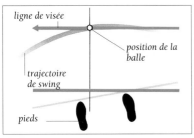

ligne de visée

position de la balle

trajectoire de swing

pieds

△ **Changer d'Adresse**
Alignez vos épaules, vos hanches et vos pieds 1 à 2 m à gauche de la cible.

Comment se Tenir dans le Sable ▷
Alignez votre corps à gauche de la cible et la face du club directement en direction de la cible.

Regardez quelques centimètres derrière la balle.

Épaule, bras, main et manche forment une ligne droite.

Les épaules, les bras et le grip forment un triangle.

ENFONCEZ VOS PIEDS DANS LE SABLE

54 Avoir une bonne stabilité sur le sable

Si le sable est léger et fin, tassez-le avec vos pieds, en les enfonçant un peu pour créer une plate-forme stable pour votre swing. Le poids de votre corps doit favoriser le côté gauche pour permettre un swing «descendant et traversant», la tête du club glissant à travers le sable. Dans du sable humide et lourd, il vous faudra un swing plus puissant.

55 ENFOUIE DANS LE SABLE

Lorsque votre balle est enfoncée dans le sable, placez-vous la face du club et le corps alignés à angle droit par rapport à la cible, mais avec la balle bien en arrière de vos pieds. En portant votre poids fermement sur votre pied gauche, faites monter le club très droit, en cassant les poignets assez tôt lors de la montée. Essayez d'enfoncer le club dans le sable juste derrière la balle. La force de l'impact expulsera la balle

LA BALLE DISPARAÎT DANS UN LIT DE SABLE

56 GLISSER SOUS UN TEE

Pour surmonter l'appréhension liée aux coups dans les bunkers, essayez cette technique de visualisation. Imaginez qu'il y a un tee caché dans le sable et sur lequel est placée la balle. Oubliez maintenant la balle, et faites un swing comme si vous vouliez envoyer le tee sur le green tout près du trou. L'important est de laisser la tête de club glisser à travers le sable.

Gardez la tête immobile pendant que vos yeux observent le coup sur la balle.

L'épaule gauche se déplace vers l'arrière et le haut.

Fléchissez le genou droit confortablement au moment de l'impact.

Le genou gauche est passé autour de la balle.

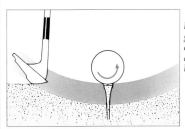

△ LE TEE CACHÉ
Imaginez un tee placé à environ 3 cm de profondeur dans le sable. Essayez d'atteindre le tee, pas la balle.

FRAPPEZ LE TEE ▷
Entraînez-vous plusieurs fois à pratiquer un swing avec le tee caché dans le sable.

57 NE PAS SORTIR DU BUNKER EN FORCE

Les sorties de bunker semblant si délicates, il est très tentant d'abaisser le club trop rapidement pour frapper cette balle piégée dans le sable. Pourtant, il n'est pas nécessaire d'agir en force. Laissez simplement votre corps tourner, le poids passer sur le pied gauche, et le club entre vos mains suivre le mouvement avec un léger retard.

Ne bougez pas la tête tant que l'épaule droite n'est pas arrivée sous le menton.

L'épaule droite passe sous le menton.

Les hanches tournent vers la gauche en libérant l'espace pour les bras et les jambes.

Le genou droit se déplace depuis la droite, permettant au poids de se déplacer vers le côté gauche pendant que les hanches tournent.

OBTENIR LA BONNE DISTANCE
Entraînez-vous avec 10-20 balles en variant la quantité de sable emportée par chaque balle, tout en conservant la même quantité de swing. C'est une façon utile de s'habituer à la distance des coups dans le sable et de varier votre style de swing. Moins vous prendrez de sable, plus la balle couvrira une longue distance.

◁ **LE RETARD DU CLUB**
La tête de club ne doit pas dépasser les mains avant que vous ayez frappé le sable et tapé la balle.

La tête de club est en retard vers l'arrière, mais encore tournée vers la cible.

58 LES HANCHES IMMOBILES

Lors d'un putt, laissez pendre vos bras, tournez vos coudes un peu vers l'intérieur, vers les hanches. Si les hanches restent immobiles, il en sera de même pour les genoux et les jambes.

LES HANCHES FORMENT UNE BASE FIXE

59 CASSER LES POIGNETS

Cassez les poignets comme si vous vouliez forcer la tête du putter vers le bas. Cela vous aidera à les conserver immobiles et inactifs, comme s'ils étaient maintenus par un plâtre ou une attelle.

POIGNETS CASSÉS POUR LES MAINTENIR PASSIFS

60 L'ARTICULATION DES HANCHES

Pour une posture de putt correcte, tenez-vous droit et penchez-vous au niveau des hanches. Gardez vos hanches immobiles. Exercez-vous souvent à prendre cette position devant un miroir pour vérifier que l'adresse est correcte et sentir que vous formez une base ferme au moment du putt.

POSTURE DE PUTT
Il est essentiel de prendre une posture correcte. Penchez-vous en avant au niveau des hanches, le bas du dos restant bien droit.

L'épaule gauche est située un peu plus haut que la droite, parallèlement à

L'index recouvre les doigts de l'autre main.

61 COMMENT PUTTER EN DESCENTE

Les putts en descente sur des greens rapides effraient souvent les joueurs et conduisent à des coups timides, de peur que la balle n'aille trop loin. La meilleure façon de s'en sortir est de jouer la balle avec le talon ou la pointe du putter. Reculez-vous et évaluez la pente. Choisissez une cible devant le trou, que la balle devra atteindre avant que la ligne de pente s'accentue. Frappez avec la pointe ou le talon, à l'écart du sweet-spot, pour que la balle parte du putter quasiment « inerte ».

◁ COUP DE LA POINTE
Frappez avec la pointe du putt pour éviter que la balle aille trop loin.

Pointe

◁ COUP DU TALON
Tapez avec le talon, pas avec le sweet-spot placé au centre du putter.

Talon

62 LA PRÉPARATION DU PUTT

Pour obtenir la douceur de mouvement essentielle à la réussite d'un putt, évitez toute tension. Laissez vos épaules, vos bras et vos mains pendre confortablement. Orientez vos coudes légèrement plus vers l'intérieur, en direction des hanches, plutôt que vers l'extérieur. Gardez le bas du dos bien droit après vous être penché au niveau des hanches, avec les poignets courbés comme pour forcer la tête de putter vers le bas.

Relâchez bien les épaules, et la tête restera immobile.

Le poids du corps est légèrement décalé à gauche du centre.

TENEZ-VOUS DROIT ▷
Ne vous voûtez pas : restez droit et pliez-vous au niveau des hanches ; regardez directement la balle.

◁ POSITION DE LA TÊTE PAR RAPPORT À LA BALLE
Essayez de laisser la tête du putter pendre juste au-dessus du sol. Certains joueurs préfèrent cette technique pour une adresse plus stable.

63 LA TRAJECTOIRE DE SWING POUR LE PUTT

Une astuce utile à toujours se rappeler lors d'un putt est que le putter doit s'écarter sur une trajectoire légèrement arquée – il ne doit pas suivre un swing en ligne droite s'écartant de la cible. Lors du swing d'attaque, cependant, le putter est tourné vers la cible et se déplace sur une ligne droite passant par la cible.

Observez la face du putter pendant son mouvement.

Le poignet gauche reste droit pendant tout le mouvement.

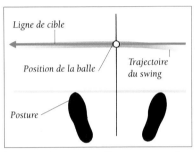

Ligne de cible

Position de la balle

Trajectoire du swing

Posture

Conservez une légère flexion de votre poignet droit.

△ **LÉGÈRE COURBURE**
La montée de votre putt doit se courber légèrement en s'écartant de la cible, et non pas être toute droite.

CONCENTRATION ▷
Pensez que la balle est située sur la trajectoire de votre swing, et non pas à la façon de la frapper.

64 LA DISTANCE DU PUTT

Estimer les distances lors d'un putt est souvent un pari, notamment lorsqu'il s'agit d'un putt de 30 m suivi d'un coup de seulement 1 m. Entraînez-vous à la maison : passez 10 minutes à faire des putts les yeux fermés, dans une tasse renversée sur la moquette. Avant d'ouvrir les yeux, essayez de deviner si la balle a été trop longue ou trop courte, et si elle est restée à gauche ou à droite de la tasse.

UNE TASSE EST UNE CIBLE D'INTÉRIEUR IDÉALE

65 VOIR LE BOUT DU MANCHE

Pour obtenir la profondeur correcte pour un putt, placez la tête du putter sur le sol et mettez votre pouce droit sur le pouce gauche, sur le grip (*voir p. 28*). Assurez-vous qu'au moins 1 cm de l'extrémité (bout) de la poignée du putter est encore visible.

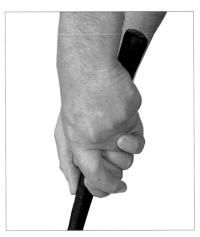

LA BONNE POSITION SUR LE MANCHE

66 CHOISIR UNE CIBLE INTERMÉDIAIRE

La plupart des greens ne sont pas plats, mais ont une pente ou un contour qui fera dériver la balle vers la gauche ou la droite. Commencez par évaluer la pente, puis choisissez une première cible – un point sur le green où le roulement de la balle sera affecté par cette pente. Vous devez encore essayer de putter en ligne droite, mais désormais en direction de la première cible.

67 TROUVER LE BON RYTHME

La plupart des seconds putts sont manqués parce que le premier a été frappé trop doucement ou trop fort, et non parce que le putt était mal dirigé. Le rythme est plus délicat que la direction. La meilleure façon de juger du rythme et de la distance pour les putts est de s'entraîner à une distance de 30 m et de choisir une cible plus large que le trou, par exemple une zone de 1 m autour du trou.

68 PENSER AU TRIANGLE

Concentrez-vous sur l'ensemble du geste, qui est pour un tiers la montée et pour deux tiers le swing vers l'avant. Pensez à « un tiers en arrière, deux tiers en avant » pour contrôler vraiment l'ensemble du putt, pour des coups à courte distance. Imaginez un triangle partant de vos épaules et effilé le long de vos bras pour aboutir au niveau du grip. Notez que, si les épaules ont un mouvement de balancement doux, tel un pendule, le triangle reste intact en permanence. Bras, mains et putter ne font que suivre le mouvement !

LA COURBURE DU PUTT

La réalisation du putt est la suivante : les épaules, les bras et le putter partent en arrière sur une légère courbure à l'intérieur de la ligne de visée. Sur les putts courts, cette courbure est à peine observable. Le fait de garder la tête de club proche du sol pendant la montée conduit automatiquement à un arc. Il est important que la face du club soit toujours tournée vers le trou pendant le swing.

TROUVER LES BONNES SENSATIONS
Faites d'abord rouler une balle à la main en direction d'une cible circulaire. Estimez la montée qui a été nécessaire pour atteindre ce point. Faites maintenant votre putt avec la même force.

Autorisez-vous une zone cible assez large, par exemple 1 m de circonférence pour des putts à longue distance. L'objectif est d'atteindre la zone, pas de rentrer dans le trou.

Épaule gauche légèrement plus haute que la droite.

L'épaule gauche descend un peu.

La ligne passant par les épaules reste parallèle à la ligne de visée.

LE CONTRÔLE SUR LE PARCOURS

69 GARDER SON ÉQUILIBRE EN MONTÉE

Les parcours de golfs sont parsemés d'embûches et de terrains difficiles. Ils sont là pour rendre le jeu plus intéressant – pour vous forcer à réfléchir. Pour les coups en montée, alignez vos épaules parallèlement à la pente et laissez votre poids se porter sur le pied le plus bas. Placez la balle plus près du pied le plus haut et visez un peu à droite pour compenser la tendance naturelle de la balle à voler vers la gauche.

◁ **TROIS CLÉS POUR SE RÉCUPÉRER**
Essayez de swinguer le club à travers la balle, établissez un bon contact, et sentez-vous en équilibre pendant le swing, si ce n'est pas le cas après !

Sur une pente, le swing doit venir des bras, car il serait difficile de conserver son équilibre pendant la rotation du corps.

△ **CHOIX DU CLUB**
Une pente ascendante donne à la face du club un loft plus ouvert lors de l'adresse. Prenez donc un club moins ouvert pour la même trajectoire.

△ **UN CLUB MOINS OUVERT**
Un fer 6 fera en réalité le travail d'un fer 8 sur une pente élevée, et il faut donc choisir un loft plus faible.

70 LE RECOVERY EN MONTÉE

Sur une pente en montée, il est plus que probable que vous perdrez votre équilibre au cours de la montée du swing ; ne tentez donc pas un swing complet. Laissez le club parcourir une trajectoire dans un plan naturellement plat ou peu incliné plutôt que de l'accentuer avec vos bras. Essayez de faire remonter la pente à la balle.

PERDRE L'ÉQUILIBRE ▷
En montée, n'essayez pas de faire une montée complète.

71 LE JEU EN DESCENTE

Pour un coup en descente, votre équilibre se portera naturellement vers l'avant, avec la tête pratiquement au-dessus du pied aval. La montée impliquera que les bras lèveront le club avec une forte inclinaison, alors que le bas du corps s'efforcera de rester en équilibre. Swinguez en descente. Évitez une action des poignets qui soulève la balle de la surface.

△ **UN CLUB PLUS OUVERT**
Utilisez un club plus ouvert, moins puissant, et visez à gauche pour obtenir le même résultat que sur un terrain plat.

△ **ATTERRIR COURT**
Jouez en sorte de faire tomber la balle juste avant le green, car elle vole plus bas et roule plus lors des coups en descente.

ÉQUILIBRE ▷
Même si c'est une sensation peu naturelle, portez votre poids bien en avant et laissez vos hanches et vos jambes supporter cette contrainte pour rester en équilibre.

Placez-vous avec la balle près du pied amont, qui est ici le pied arrière.

72 LA BALLE AU-DESSUS DE LA POSTURE

Redressez-vous un peu plus que d'habitude pour jouer contre une pente. La balle se trouve au-dessus du niveau de vos pieds, ce qui signifie que vous, vous en êtes plus près. Pour ajuster votre posture, raccourcissez votre grip et penchez-vous vers la pente, portant le poids du corps plus sur les pointes que sur les talons. Il faut jouer la balle au milieu de vos pieds pour des clubs plus longs et il n'est pas utile de viser à droite.

ADRESSE AVEC CLUB OUVERT ▷
Si vous jouez avec un club plus court et plus ouvert, amenez la balle encore plus près du pied droit, et jouez-la en arrière de vos pieds.

GRIP ABAISSÉ△
Dans cette posture, raccourcissez la prise en tenant le manche du club plus bas.

Fléchissez les genoux et restez souple.

BALLE PLUS PROCHE DE VOTRE PIED DROIT

73 À DROITE DU CENTRE

Pour des pentes plus fortes, jouez la balle légèrement plus près de votre pied droit pour lui permettre de partir vers la gauche. La posture adaptée à un jeu en pente rend l'angle ou la courbure que vous créez lors de la montée du swing, et de la descente sur la balle, plus plat que normal. Cela provoque en retour un «hook» de la balle, c'est-à-dire un déplacement en l'air selon une courbe de droite à gauche.

74 LA BALLE AU-DESSOUS DE LA POSTURE

Pour jouer ce coup inconfortable, mais pas rare, pliez plus sur les genoux et placez votre poids sur les talons. Rallongez votre prise. Avec la balle au centre de vos pieds, la pente du plan de swing forcera la balle à dériver vers la droite ; visez donc un peu à gauche. De très faibles mouvements du corps suffisent lors de ce coup. C'est un swing qui s'effectue principalement au niveau des bras.

Tête bien en avant du corps. Ne vous penchez pas trop en avant, vous risqueriez de basculer.

◁ **PLIEZ EN ARRIÈRE**
Pliez vers l'arrière en direction de la pente et utilisez vos fessiers comme contrepoids à la position avancée de la tête.

Placez le club au centre de votre posture, quelle que soit l'ouverture de club choisie.

La balle est plus éloignée de vous que pour n'importe quel autre coup.

GRIP LONG △
Allongez le grip et amenez le bout du manche à l'intérieur de la paume de votre main gauche.

75 UN SWING LIMITÉ

Votre position au-dessus de la balle, celle-ci située au-dessous du niveau de vos pieds, vous oblige à un angle d'attaque très incliné. Avec un tel plan de swing, il est difficile de présenter la face du club à angle droit par rapport à la cible au moment de l'impact. En fait, le club sera plutôt tourné vers la droite, ce qui enverra la balle à droite. Visez donc plus à gauche pour que la trajectoire naturelle gauche-droite revienne sur la cible.

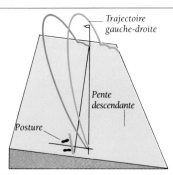

Trajectoire gauche-droite

Pente descendante

Posture

ALIGNEZ VOTRE POSTURE VERS LA GAUCHE

76 DONNER DU « FADE »

Réaliser des effets n'est pas aussi difficile que cela en a l'air et peut s'avérer fort utile pour contourner des obstacles, comme des arbres. Pour donner un «fade» à la balle, de sorte qu'elle parte vers la gauche et revienne ensuite à droite (et sur la cible) en l'air, alignez la face du club avec la cible en adoptant un grip faible (*voir p. 27*), vos mains tournant un peu vers la gauche sur le manche. L'alignement de votre corps sera ouvert (vers la gauche).

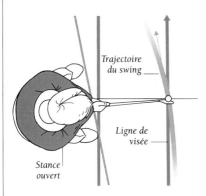

Trajectoire du swing

Ligne de visée

Stance ouvert

△ **FACE DU CLUB OUVERTE**
La face du club ouverte envoie la balle vers la gauche. Elle revient à droite en ralentissant en l'air.

△ **POSTURE OUVERTE**
La ligne d'épaules, les hanches, les genoux et les pieds se placent dans une position «ouverte», c'est-à-dire tournée vers la gauche.

RETOUR À DROITE ▷
Swinguez avec le club parallèlement à la ligne de vos pieds et observez alors le «fade» de la balle.

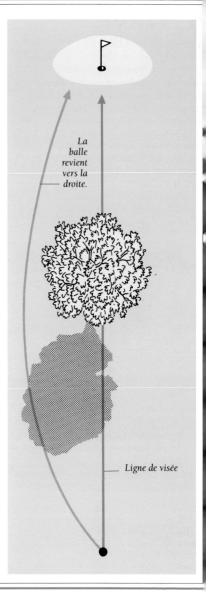

La balle revient vers la droite.

Ligne de visée

77 DONNER DU « DRAW »

Pour imprimer un «draw» à la balle, de sorte qu'elle parte à droite puis revienne à gauche sur la cible, alignez la face du club sur la cible et adoptez un grip fort (*voir p. 27*). L'alignement de votre corps se trouve dans une position «fermée» (vers la droite) et est tourné vers la droite. Vous serez donc sur un plan de swing moins incliné, qui force à son tour la balle à voler moins loin et à rouler plus.

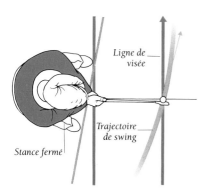

Ligne de visée

Trajectoire de swing

Stance fermé

△ **FACE DU CLUB FERMÉE**
La face du club fermée envoie la balle vers la droite. Elle revient à gauche en ralentissant en l'air.

△ **POSTURE FERMÉE**
Le club fait face à la cible, mais le grip fort assure que le club coupe la ligne de visée sur une trajectoire de swing allant de l'intérieur vers l'extérieur.

RETOUR À GAUCHE ▷
Swinguez avec le club parallèlement à la ligne de vos pieds et observez alors le draw de la balle.

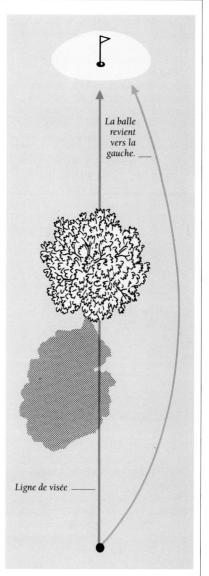

La balle revient vers la gauche.

Ligne de visée

78 CHANGER DE TEE

Pour les fers, assurez-vous que seul le haut est visible, la balle ne touchant que le dessus du gazon. La tête de club rencontrera la balle sur une trajectoire légèrement descendante. Pour les bois, vous entraînez la balle. Le tee doit être placé de manière à pouvoir réaliser aisément une action d'entraînement sous l'effet de l'impact.

TEES PLUS HAUTS POUR CLUBS À FACE PEU OUVERTE

BOIS 4 ▷
Utilisez un tee plus bas pour jouer des bois à loft important.

◁ BOIS 3
Utilisez un tee bas pour le bois à face profonde.

79 DRIVER DANS LE VENT

Changer de hauteur de tee est souvent négligé, bien que ce soit une composante vitale de la stratégie. Pour les bois, vous devez voir la moitié de la balle dépasser du dessus du bois. Les bois à faces profondes nécessitent des tees encore plus hauts. Mais le vent affecte également cette règle de la demi-balle. En cas de vent, il est préférable de jouer sa balle dans le vent avec un tee un peu plus haut, car cela favorise un plan de swing plus plat et une trajectoire de vol moins haute.
Pour un drive sous le vent, utilisez un bois à loft et un tee plus bas.

80 DANS LE ROUGH

Le rough, ces herbes hautes et grossières, est un risque courant dès que vous sortez du fairway. Si votre balle se trouve profondément dans le rough, prenez un club à face ouverte, tel qu'un fer 9 ou un wedge, tenez-le fermement et jouez le coup en puissance, avec la balle plus proche du pied arrière. Cassez les poignets plus tôt que d'habitude et adoptez un swing des bras vers le haut et vers le bas plus incliné. Gardez le genou droit fléchi et les yeux baissés. Votre priorité doit être de revenir sur le fairway.

UTILISEZ UN FER 9 OU UN WEDGE

FORCES ET FAIBLESSES

81 RENFORCER LES POIGNETS

Des poignets forts garantissent un jeu plus efficace – l'idéal serait que vos poignets gauche et droit soient de force égale. Voici un exercice simple pour améliorer votre grip sans fatiguer vos poignets. Écrasez une balle de squash ou une autre balle molle comme ci-dessous. Intégrez cet exercice dans un échauffement général avant chaque parcours.

RENFORCEMENT DU POIGNET △
Plier le poignet permet d'ajouter une tension musculaire supplémentaire dans l'exercice de pression de la paume. Commencez par 20 à 30 secondes d'exercice avec chaque main.

PRESSION DE LA PAUME △
Tenez une balle molle, paume tournée vers le haut. Écrasez la balle et relâchez-la. Recommencez jusqu'à sentir la pression dans votre avant-bras. Changez de main.

82 VISUALISER VOS SUCCÈS

Essayez toujours d'imaginer ce que vous voulez réaliser à chaque coup.
Par exemple, imaginez l'arrivée de la balle sur le green avant d'effectuer le coup. Rappelez-vous que « lorsque l'esprit peut le concevoir, le corps peut y parvenir ».

83 SE COMPORTER EN PRO

Observez comment les pros se comportent dans les tournois. Ils sont toujours bien habillés, ils prennent soin de leur équipement, ils ne prennent pas de risque inconsidéré, ils font preuve de respect les uns envers les autres et vis-à-vis du parcours, et ils ne se plaignent pas d'une baisse de forme.

84 MÉMORISER L'IMAGE DU SWING

Votre swing est une suite de mouvements musculaires. Vous pouvez les mémoriser et les reproduire avec une simple série de swings pratiqués sans le club. Avant de jouer, exercez votre swing et essayez de retrouver les mouvements corrects du swing devant un miroir. Observez les réactions du corps et repérez sur le miroir l'emplacement de votre tête. Swinguez sans vous écarter de cet emplacement.

Paumes tournées à plat et vers l'extérieur.

Placez vos mains à plat l'une contre l'autre.

Prenez votre position d'adresse normale devant le tee.

Le poids est transféré vers la gauche, les hanches tournent et le talon droit se soulève.

Continuez à regarder le sol là où la balle se trouverait.

Penchez-vous au niveau des hanches dans la position de montée et tournez le tronc vers la droite.

1 Prenez votre posture normale, avec les mains jointes. Le but est de parvenir à une coordination des différents mouvements sans ressentir d'effort.

2 Lorsque vous vous penchez au niveau des hanches, tournez votre tronc vers la droite, en laissant le bassin, les jambes et les pieds suivre le mouvement.

3 Lorsque vous effectuez le swing complet, soyez attentif au transfert de poids vers la gauche, pendant que le talon droit se soulève complètement du sol.

85 UN EXERCICE DE CHANGEMENT DE MAIN

Prenez un fer intermédiaire et effectuez un swing, à nouveau devant le miroir, tout d'abord avec le bras droit, puis avec le bras gauche. Cet exercice vous familiarisera avec la sensation du swing. En procédant de la sorte avec chaque bras, cela vous aidera à vous constituer une mémoire musculaire et un bon contrôle du club. Sentez comme le mouvement provient de la rotation du corps plutôt que d'une levée du bras. Le corps pivote pendant que le bras effectue le swing.

Placez derrière le dos le bras qui ne joue pas.

UN SWING NATUREL

86 LE PARAPLUIE RENVERSÉ

Un parapluie ouvert constitue une cible idéale pour s'entraîner. Utilisez des balles creuses et envoyez-les dans le parapluie ouvert dans une position renversée. Faites-le d'abord à la main avec quelques balles, puis essayez de retrouver la même sensation avec le club. Plus tard, vous pourrez essayer avec un lot de 20 balles, en gardant les yeux fermés. Testez votre équilibre et votre rythme.

Un parapluie ouvert a la taille idéale pour un entraînement de précision.

Effectuez une série de coups avec les yeux fermés, pour laisser vos sens non visuels entrer en jeu.

Poignets fermes

◁ **EXERCICE SOUS PRESSION**
Fixez-vous une limite de 20 coups et, en cas d'échec, recommencez jusqu'à ce que toutes les balles rencontrent la cible. Arrivé à 15, comptez 5-4-3-2-1 à haute voix pour augmenter la pression au moment du final.

87 LE TEST DU PNEU

Exercez votre swing et renforcez vos poignets à l'aide d'un pneu de voiture. Placez-le sur le sol et swinguez dans le pneu à une seule main (*voir ci-dessous*). Essayez également de tenir la tête du club et de faire tourner le grip à l'intérieur du pneu.

Relâchez vos épaules.

Bras droit dans le dos

◁ **SENTEZ LA FORCE**
Pendant que le bras fait tourner le club librement vers le bas, vous sentirez naturellement le transfert de poids lorsque la tête du club accélère dans le pneu.

MUSCLES DU POIGNET ▷
Tenez un club d'une seule main par la tête à l'intérieur du pneu. Bougez vos poignets de sorte que le club frappe les deux bords du pneu.

Le corps pivote lorsque le bras swingue dans le pneu.

Sentez comment la tête du club traîne derrière, puis frappez le pneu.

Commencez d'abord lentement, puis accélérez les coups.

88 UN SWING SANS LES BRAS

Essayez des étirements du haut du corps sans le club, pour renforcer votre swing et développez votre mémoire musculaire, c'est-à-dire la certitude, d'instinct, que vous effectuez les bons mouvements de swing.

Avant de partir sur un parcours de golf, exercez-vous au swing complet «sans les bras», comme ci-dessous.
Répétez également chez vous devant un miroir et observez comment votre corps bouge.

Fixez l'emplacement imaginaire de la balle.

Bras en position croisée sur la poitrine.

Tournez la tête pour suivre le corps et la direction imaginaire de la balle.

Tournez les épaules, en laissant l'épaule gauche venir sous le menton pendant que la droite part vers l'arrière.

Faites tourner vos hanches pour donner un bon équilibre à vore swing.

La rotation des hanches force le genou droit à faire le tour.

1 Mettez-vous à l'adresse, sauf en ce qui concerne les bras, qui doivent être croisés sur la poitrine.

2 Swinguez vers l'arrière et sentez que votre tronc tourne librement. Laissez la partie inférieure du corps suivre «en harmonie».

3 Pendant que votre corps swingue vers l'avant, observez comme le mouvement s'est inversé et comment le corps réagit.

89 L'ÉCHAUFFEMENT DES ÉPAULES ET DE LA TAILLE

C'est un exercice utile, lié au swing, puisqu'il simule le mouvement réel de celui-ci. Il impose à votre tronc – le moteur du swing – les mouvements corrects vers l'avant et l'arrière. Effectuez cet exercice 20 fois avant de frapper une balle.

Inclinez un peu le menton vers la droite.

Tournez légèrement la tête, mais ne la laissez pas balancer.

Tournez dans la position du swing vers l'arrière.

Gardez le club coincé entre vos coudes et votre dos.

Sentez le poids de votre corps commencer à être transféré depuis votre pied droit, mais ne bougez pas le genou droit.

Laissez tourner vos hanches et sentez leur réaction à la rotation du tronc et des épaules.

1 Coincez le club en travers de votre dos, pour qu'il se place horizontalement dans le creux de vos coudes. Faites maintenant tourner vos épaules de 90° pour un swing vers l'arrière.

2 Faites tourner votre corps comme vous le feriez lors de la descente sur la balle, puis de nouveau de 90° vers la position suivante. Sentez vos muscles se relâcher.

90 LE DOS RELÂCHÉ

Vous devez relâcher les muscles du bas de votre dos et étirer votre colonne vertébrale avant de taper la première balle de la journée. Cela vous évitera d'être trop raide lors du swing, mais aussi des problèmes de dos à long terme, ce qui est très courant chez les golfeurs. Effectuez cet exercice d'échauffement du dos 20 fois, jusqu'à ce que vous en sentiez les effets.

ÉTIREMENT ET FLEXION
Essayez cet assouplissement du bas du dos en deux mouvements, avec ou sans un échauffement plus traditionnel en se touchant les pointes de pied. Gardez les pieds en permanence au même écartement que les épaules.

Étendez les deux bras bien au-dessus de votre tête, en tenant le club horizontalement. Répétez 10 fois.

Descendez le club lentement et courbez progressivement le dos avec la tête baissée.

Relâchez-vous et ne vous relevez pas trop vite.

FIXEZ-VOUS DES OBJECTIFS SUR LE GREEN D'ENTRAÎNEMENT

91 LE PUTTING GREEN

Plus de la moitié de vos coups sur un parcours seront des putts. Ne négligez donc pas cet aspect très exigeant du jeu. Il est facile de deviner que votre plus grande priorité est d'exercer votre swing à l'échelle du drive, mais travailler son putt sur un green d'entraînement est tout aussi vital. Ne vous contentez pas de frapper des balles, mais fixez-vous un objectif, par exemple trois putts pour un trou, puis deux pour la série suivante.

92 CONNAÎTRE LES DISTANCES

Chaque bois et chaque fer est conçu pour faire réagir la balle de manière différente, et pour se conformer à un loft et une distance réalisables (*voir tableaux ci-dessous et ci-contre*).

Cependant, très peu de golfeurs peuvent dire avec certitude la distance qu'ils atteignent avec tel ou tel club.

Vous n'atteindrez sans doute pas des distances aussi régulières que les pros, mais il est néanmoins possible de déterminer votre distance moyenne pour chaque club.

Prenez 20 balles sur un practice. Jouez-les avec un même club. Allez ensuite sur place et enlevez les cinq plus courtes et les cinq plus longues. Les cinq «médianes» vous donneront votre distance moyenne pour le club en question. Marquez-la sur un carnet ou une fiche de score. Recommencez ensuite pour tous les autres clubs dont vous disposez. Cela vous sera utile en jeu, lorsqu'il vous faudra franchir une distance de 150 m, par exemple, pour savoir immédiatement quel club employer.

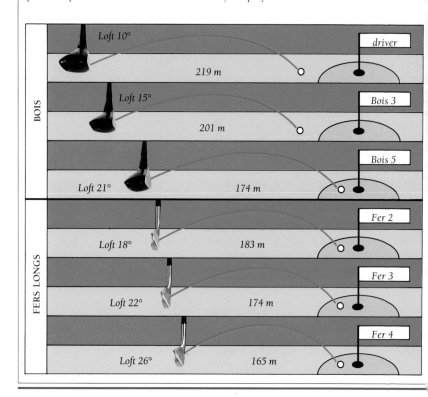

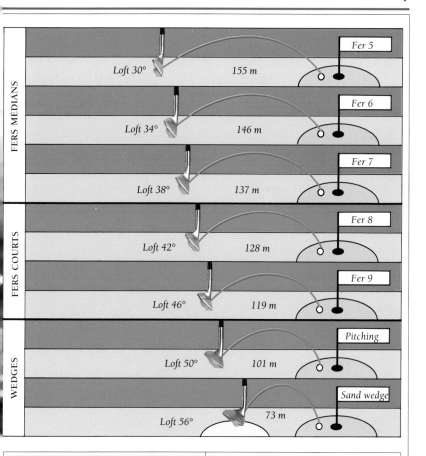

FERS MÉDIANS	Loft 30° — 155 m	Fer 5
	Loft 34° — 146 m	Fer 6
	Loft 38° — 137 m	Fer 7
FERS COURTS	Loft 42° — 128 m	Fer 8
	Loft 46° — 119 m	Fer 9
WEDGES	Loft 50° — 101 m	Pitching
	Loft 56° — 73 m	Sand wedge

93 RETENIR LES DISTANCES

La distance d'un trou est indiquée par des repères sur le tee de départ et le long du fairway. Basez-vous sur ces données, ainsi que sur vos moyennes de coup et autres données personnelles.

94 DISCIPLINE D'ENTRAÎNEMENT

Vos exercices d'entraînement doivent être cohérents. Taper un seau de balles n'est pas un exercice. Soyez résolu à améliorer votre trajectoire de swing, puis le transfert de poids, le rythme, et ainsi de suite. Poursuivez un seul but à la fois.

LE JEU

95 CONNAÎTRE LE PARCOURS

Préparez dans un carnet un croquis rapide
de chaque trou. Un pas étant égal à un mètre,
mesurez la distance à chaque obstacle
depuis le départ. Étudiez ensuite la
distance au green depuis plusieurs points
sur le fairway. Enfin, calculez la longueur
du green et la position du trou.

DESSINER UN GUIDE POUR CHAQUE TROU
*Voici un trou de 370 m par 4, avec les
caractéristiques et les difficultés
majeures à noter.*

*Notez la distance pour une
trajectoire directe. Elle ne
concerne pas que les pros.*

*La meilleure trajectoire
pour un débutant. Plus
long mais plus sûr.*

*Relevez
la distance
correspondant à
la fin des arbres
et celle à laquelle
le bunker
commence.*

*Comparez la
distance annoncée
aux distances
figurant sur votre
carnet.*

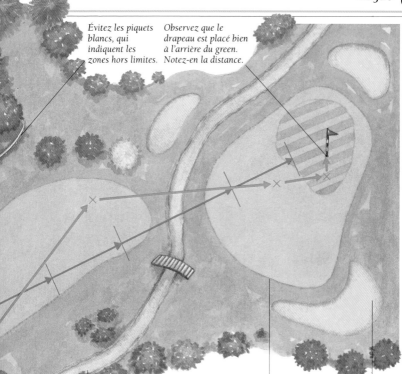

Évitez les piquets blancs, qui indiquent les zones hors limites.

Observez que le drapeau est placé bien à l'arrière du green. Notez-en la distance.

Relevez la distance au bord du green depuis la rivière et en direction du drapeau.

La rivière n'est qu'une des difficultés de ce trou, même si c'en est une majeure qu'il faudra absolument éviter. Il faudra passer au-dessus ou faire un chip.

Vérifiez la position du bunker et sa distance depuis le trou. Notez sur votre carnet si les parois sont très abruptes.

REPÉREZ LES DIFFICULTÉS

Les arbres et bunkers sont les premières difficultés à noter. Vous devez connaître leur distance pour pouvoir atterrir assez loin d'eux ou passer par-dessus. Notez les distances.

PRENEZ TOUT EN COMPTE

Gardez à l'esprit l'état du terrain et les conditions atmosphériques, les difficultés et obstacles du trou, ainsi que la distance nécessaire. Ajoutez cela à la connaissance que vous avez de vos performances moyennes (voir p. 62), et vous pourrez placer vos coups dans la meilleure position sur le fairway. Ne pensez qu'à un seul coup à la fois.

65

96 COMPRENDRE VOTRE CARTE DE SCORE

Prenez le temps, hors du parcours, d'examiner de près une carte de score et de comprendre ce que signifient les diverses entrées. Une erreur dans le remplissage d'une feuille, par exemple après votre premier score à 18 trous ou pour acquérir un handicap, peut conduire à la disqualification. Les règles du golf sont très strictes sur ce point.

Demandez à un partenaire de jeu ou à un responsable local de vous expliquer les détails.

Un « stableford » est idéal pour les débutants.

STABLEFORD OU MEDALPLAY

Il existe deux systèmes de base pour les scores : le stableford s'établit selon un nombre de points par trou, et le « medal Play » selon un nombre de coups par trou.

Le par est le nombre de coups qu'un pro est susceptible de réaliser à chaque trou.

Notez les scores de l'autre dans la colonne « A », et le vôtre dans la colonne « Marker ».

JULY 'STABLEFORD'

		À	S.S.S	DATE 21-5-95		H/CAP 24	COUPS REÇUS 21
1ST DÉPART	BLEU	72	71	PLAYER A. K. RYAN			
X	JAUNE	72	70	PLAYER B.			
	ROUGE	74	74				

MARKER	PARTEN.		YARDS	À		COUP INDEX	A	PTS.	B	PTS.	YARDS	À	COUP INDEX
6	2	1	524	5	504	5	15	6	2		461	5	13
5	2	2	365	4	355	4	11	4	3		336	4	5
6	1	3	426	4	414	4	X 1	7	1		426	5	3
3	3	4	195	3	170	3	5	4			165	3	15
3	2	5	444	4	432	4	7	6	1		358	4	11
5	2	6	391	4	376	4	9	5	2		361	4	1
3	7	7	137	3	135	3	17	5	1		137	3	17
7	1	8	548	5	536	5	13						
5	2	9	413	4	398	4	X 3	5	3				
	18		3443	36	3320	36		15					
5	2	10	317	4	300	4	8	6	1				
7	3	11	500	5	485	5	14	6	2				
4	3	12	414	4	399	4	18	4					
4	2	13	139	3	130	3	10	6	1				
6		14	381	4	360	4	X 2	7	1				
5	2	15	403	4	386	4	16	5	2				
5	2	16	346	4	341	4		5	2				
4	2	17	165	3	160	3	6	5	2				
5	2	18	362	4	360	4	12		14				
	18		3027	35	2921	35	TOTAL IN						
	36		6470	71	6241	71	TOTAL	29 PTS					
							H'CAP						
							NET						

M. Lunn

AUGUST MEDAL

		À	S.S.S	DATE 19-4-95			H/CAP	COUPS REÇUS
1st DÉPART	BLEU	72	71	PLAYER A. J. HARRISON				21
X	JAUNE	72	70	PLAYER B.				
	ROUGE	74	74					

MARKER	PARTEN.		YARDS	À		COUP INDEX	A	PTS.	B	PTS.	YARDS	À	COUP INDEX
6		1	524	5	504	5	15	6			461	5	13
5		2	365	4	355	4	11	4			336	4	5
6		3	426	4	414	4	1	7			426	5	3
5		4	195	3	170	3	5	4			165	3	15
5		5	444	4	432	4	7	7			358	4	11
4		6	391	4	376	4	9	5			361	4	1
5		7	137	3	135	3	17	7			137	3	17
6		8	548	5	536	5	13	7			450	5	9
5		9	413	4	398	4	3	6			383	5	7
47			3443	36	3320	36		49			3077	38	
5		10	317	4	300	4	8	4			259	4	10
6		11	500	5	485	5	14	6			468	5	6
4		12	414	4	399	4	18	3			379	4	4
5		13	139	3	130	3	18	3			115	3	18
5		14	381	4	360	4	10	5			350	4	2
5		15	403	4	386	4	2	7			376	5	12
5		16	346	4	341	4	16	4			312	4	16
6		17	165	3	160	3	6	4			140	3	14
46		18	362	4	360	4	12	5			337	4	8
93			3027	35	2921	35	TOTAL IN	43			2736	36	
22			6470	71	6241	71	TOTAL	92			5813	74	
71							H'CAP	21					
							NET	71					

M. Lunn   *James Harrison*

Complétez d'abord la carte, puis portez vos scores ou nombre de points dans la colonne « Marker » (première colonne).

« Player » (joueur) et «Marker» (celui qui note) vérifient et conviennent des scores puis signent chacun chaque carte à la fin de la partie.

Laissez tomber la balle depuis la hauteur du bras, de sorte qu'elle ne vous tombe pas sur le pied.

DROPPER LA BALLE △
Tenez la balle à hauteur d'épaule, bras tendu, et lâchez-la. Regardez où elle s'arrête.

97 S'EN TENIR AUX RÈGLES

Les règles du golf dictent la taille et la forme des clubs et des balles, les systèmes de scores et de handicaps et, au niveau local, elles vous préviennent des zones hors limites, des difficultés particulières du parcours et des règles saisonnières. Les règles locales figurent au dos de la carte de score, lisez-les attentivement. Vous devez également respecter une certaine étiquette – la courtoisie coutumière attendue de la part de tout joueur, depuis l'invitation aux joueurs plus rapides à passer devant vous, jusqu'au fait de ne remplir votre carte de score que sur le départ suivant.

MARQUAGE DE LA BALLE ▷
Sur les greens, marquez votre balle si elle se trouve sur la trajectoire de votre partenaire.

REPÈRES △
Placez un repère ou une pièce de monnaie derrière la balle et enlevez-la.

Vous pouvez soulever la balle pour réparer les traces de pitch. Remettez-la exactement au même endroit.

98 TENIR CORRECTEMENT LE DRAPEAU

Il y a deux règles de base en ce qui concerne les drapeaux. Si vous jouez à l'extérieur du green en direction du drapeau, le fait que votre balle le touche n'a aucune importance. Mais ça en a dès lors que votre balle se trouve sur le green. Si vous puttez depuis le green, retirez ou levez le drapeau ; proposez naturellement à votre partenaire de lui lever le drapeau. Évitez de créer une ombre sur le trou. Enlevez le drapeau dès que la balle s'approche.

Dans le cas d'un putt depuis le green où la balle heurte le drapeau, le joueur risque une pénalité.

Attendez que la balle s'immobilise avant de remettre le drapeau.

CONSEILS CONCERNANT LE DRAPEAU
Bien que ce ne soit pas dans les règles, l'étiquette veut que l'on évite que le bout du drapeau touche le green, risquant alors de l'endommager. Vous pouvez vous tenir derrière plutôt que sur le côté du trou lorsque vous devez éviter de vous trouver sur la ligne de putt d'un autre joueur.

NE SOYEZ PAS DÉSINVOLTE △
Ne jetez jamais le drapeau au sol. Posez-le soigneusement sur le sol.

Tenez le drapeau bien à l'écart du trou et ne rester pas sur la ligne de putt d'un autre joueur.

99 L'ESSENTIEL DE L'ÉTIQUETTE

Soyez près à jouer votre coup.

Le règlement moderne comporte 34 règles, ainsi qu'un grand nombre de points et de sous-sections traitant de détails particuliers (Vous avez droit à un exemplaire gratuit du règlement si vous êtes membre d'un club). Mais votre souci principal doit être l'étiquette – c'est-à-dire un bon comportement sur le parcours et son influence sur les autres joueurs. Il s'agit avant tout de bon sens et de bonnes manières, mais cela se maîtrise tout comme le jeu lui-même.

■ Remettez toujours vos divots (mottes) sur le fairway et enfoncez-les soigneusement.

■ Ratissez le bunker après utilisation, avec le râteau fourni.

■ Réparez immédiatement vos marques de pitch sur le green.

■ N'emmenez jamais vos chariots ou vos sacs sur les aires de départ et les greens.

PROCÉDURE DE PUTT
Celui qui est placé le plus loin du trou putte en premier. S'il manque le trou et est encore le plus éloigné, il doit putter de nouveau.

100 OBTENIR UN HANDICAP

Si vous rejoignez un nouveau club, vous devez faire établir de nouveau votre handicap pour participer à des compétitions. Votre score moyen sur trois parties avec un joueur qui a un handicap sera évalué en comparaison du score scratch standard. Le score scratch est lié à la longueur du parcours. Si vous faites 100 coups et que le score scratch est de 72, vous êtes à handicap 28.

101 CALCULER VOTRE SCORE

Une fois que vous avez établi votre handicap, vous déduisez ce chiffre du nombre total ou brut de coups joués, pour obtenir votre score net ou final. Un débutant à handicap 28 bénéficie d'un coup supplémentaire par trou (18) plus 10 coups (18 + 10 = 28), identifiés comme étant les trous les plus difficiles tel que l'indique l'indice de coups sur la carte de score.

INDEX

Photographies
L'ensemble des photographies a été réalisé par
Matthew Ward et Stephen Bartholomew
ainsi que par Philip Gatward.

Illustrations
Janos Marffy ;
Jane Pickering 64–65.